5. Auflage
© 2005 Verlag Friedrich Oetinger GmbH, Max-Brauer-Allee 34, 22765 Hamburg
Alle Rechte vorbehalten
© Text: Kirsten Boie 1999, 2000, 2001, 2003
© Illustrationen: Silke Brix 1999, 2000, 2001, 2003
Die Einzelbände sind erstmals in der Reihe »Laterne, Laterne« unter den Titeln
»Linnea findet einen Waisenhund« (2000),
»Linnea macht Sperrmüll« (2001),
»Linnea will Pflaster« (1999),
»Linnea schickt eine Flaschenpost« (2003)
und in der Reihe »Sonne, Mond und Sterne« unter dem Titel
»Linnea klaut Magnus die Zauberdose« (1999)
im Verlag Friedrich Oetinger GmbH, Hamburg, erschienen.
Druck und Bindung: SIA Livonia Print,
Jurkalnes iela 15/25, LV-1046 Riga, Lettland
*Printed 2024/1
ISBN 978-3-7891-3160-8

www.kirsten-boie.de
www.oetinger.de
www.moewenweg-stiftung.de

Kirsten Boie

Linnea
Allerhand und mehr

Bilder von Silke Brix

Verlag Friedrich Oetinger · Hamburg

Kirsten Boie, 1950 in Hamburg geboren, ist eine der renommiertesten deutschen Kinder- und Jugendbuchautorinnen. Für ihr Gesamtwerk wurde sie mit dem Sonderpreis des Deutschen Jugendliteraturpreises geehrt. Kirsten Boie hat viele beliebte Kinderbuchfiguren für alle Altersgruppen erschaffen, darunter »Der kleine Ritter Trenk«, »Seeräubermoses«, »King-Kong«, »Die Kinder aus dem Möwenweg« und »Thabo«. Darüber hinaus ist die promovierte Literaturwissenschaftlerin mit großem Einsatz auf dem Gebiet der Leseförderung aktiv. Für ihr Engagement für die deutsche Kinder- und Jugendliteratur wurde ihr 2019 die Hamburger Ehrenbürgerwürde verliehen. Nicht nur »Paule ist ein Glücksgriff« – so der Titel ihres Debütromans –, sondern auch »Kirsten Boie ist ein Glücksfall für die deutsche Kinderbuch-Literatur« (NDR).

Silke Brix, 1951 in Schleswig-Holstein geboren, studierte an der Fachhochschule für Gestaltung in Hamburg und illustriert seit 1986 Bücher für Kinder. Seitdem hat sie mit großem Erfolg u. a. die Geschichten von Kirsten Boie über das Meerschweinchen King-Kong, die pfiffige kleine Linnea und das Schulkind Lena illustriert. Seit einigen Jahren veröffentlicht sie auch ihre eigenen Bilderbuch-Geschichten.

INHALT

LINNEA
FINDET EINEN WAISENHUND

Manche Kinder haben Glück.
Die haben ein Pferd
oder einen Hund
oder sonst irgendein gutes Tier.
Aber Linnea hat gar nichts.
Sie hat nur Magnus,
der ist schon sieben,
und Anna, die ist fast elf.
Aber so gut wie ein echtes Tier
sind Geschwister
natürlich nicht.

Mit Magnus kann Linnea wenigstens manchmal spielen.

So gut wie ein Hund ist er nicht, aber immer noch besser als der kleine Erdem aus dem vierten Stock, der immer gleich heult, wenn man ihn nur mal anstipst.

Und außerdem kann Magnus schon ganz alleine einkaufen gehen. Das kann Linnea nicht.

„Mar-ga-ri-ne", sagt Magnus, „das steht da auf dem Zettel. Das hat Anna mir aufgeschrieben, und Butter-brot-papier. Das will sie auch."

„Und Schokolade?", fragt Linnea. „Steht das da
auch, Magnus? Oder Gummitiere vielleicht?"
„Das steht da nicht", sagt Magnus und schüttelt
den Kopf. „Ich kann das ja lesen. Und jetzt geh ich
rein. Wenn du mitwillst, kannst du ja kommen."

Aber das will Linnea bestimmt nicht. Langweilige Margarine und Butterbrotpapier soll Magnus mal schön alleine kaufen.

Da vergnügt sich Linnea lieber vor der Tür. Und sie weiß auch schon genau, was sie macht.

Neben der Ladentür ist nämlich ein Haken, da binden die Leute immer ihre Hunde an. Jetzt ist da auch ein Hund, ein riesengroßer, dicker, der hechelt

immer mit seiner Zunge und sieht so traurig aus
und so allein.
„Na, Hund?", sagt Linnea und setzt sich neben
ihm auf den Weg. „Bist du ganz allein? Hast du
gar keinen Menschen auf der ganzen Welt?"

Und da wackelt der Hund so doll mit dem Schwanz,
dass Linnea weiß: Der Hund an der Tür ist wirklich

ganz allein und hat auf sie gewartet und möchte *ihr*
Hund sein.
Darum hakt sie ihn ab. Und da ist der Hund nicht
mehr einsam und verlassen und leckt Linnea vor
Freude über das Gesicht.

Und Linnea denkt, dass sie nun aber mal ein guter Mensch ist, wenn sie so einen traurigen Hund glücklich macht.

Aber dann kommt Magnus aus dem Laden und sagt, dass Linnea doch nicht so einfach einen fremden Hund klauen kann.

„Der gehört einem Menschen!", sagt Magnus. „Das siehst du doch!"

Aber Linnea schüttelt den Kopf. „Das ist ein Waisenhund!", schreit sie. „Siehst *du* doch, du Dummi!"

Und dann rennt sie nach Hause und der Waisenhund
rennt auch wirklich ganz fröhlich hinter ihr her und
wackelt mit dem Schwanz.
„Siehst du mal!", sagt Linnea, als sie vor ihrer
Haustür ankommen. „Wie doll der sich freut."

19

Da kriegt Magnus ein ganz nachdenkliches Gesicht.
Und er sagt, es kann ja vielleicht manchmal einsame
Hunde geben, die haben keinen Vater mehr und keine
Mutter und auch kein Frauchen und kein Herrchen.
„Armer, kleiner Hund!", sagt Magnus und guckt die
Hundemarke an. „Jetzt hast du ja uns."

„*Dich* hat der nicht!", sagt Linnea. „Das ist mein
Hund! Ich hab ihn schließlich gefunden!"
Aber dann denkt sie, dass es vielleicht mehr Spaß
macht, wenn Magnus auch mitspielt.
„Wenn du nett bist, darfst du ihn halten", sagt
Linnea. „Und denken, dass es dein Hund ist.
Aber nicht *sagen*." Und sie gibt Magnus die Leine.

Und gerade als Magnus ein bisschen spazieren
gehen will und denken, dass es sein Hund ist,
kommt plötzlich Anna aus dem Haus.
„Was ist denn das für ein Hund?", fragt Anna.
„Wo habt ihr den denn her?"
Da macht Magnus ein ganz böses Gesicht.
Und Linnea sagt, das ist ein Waisenhund,
das kann Anna ja wohl sehen.

„Ein Waisenhund!", schreit Linnea. „Und du willst doch wohl nicht, dass wir den verhungern lassen!"
„Piep, piep, piep!", sagt Anna. „Es gibt keine Waisenhunde, du Dummi! Und außerdem hat der hier eine Hundemarke! Den hast du geklaut!"

Da leckt der Hund Linnea gerade wieder übers Gesicht und wedelt auch wieder so lieb mit dem Schwanz.
„Siehst du mal!", schreit Linnea. „Wie lieb der mich hat!"
Aber Magnus muss natürlich wieder mal zu Anna halten. „Nee, komm, Linnea", sagt er. „Wenn der Hund einem gehört, dann ist sein Mensch doch jetzt traurig! Wenn wir seinen Hund gestohlen haben."
Da guckt Linnea ganz böse und sagt, und es ist *wohl* ein Waisenhund. Das wird Magnus schon sehen.

Aber dann geht sie doch mit Magnus und dem Hund
zum Laden zurück, aber ganz langsam.
Und da steht wirklich eine alte Frau, die guckt ganz
aufgeregt.
Und als der Hund die alte Frau sieht, ist er plötzlich
gar kein Waisenhund mehr.

Er reißt sich los und rennt
und rennt und dann springt er
hoch und wirft die alte Frau
beinahe um.

„Ach, Bonzo, du Böser!", sagt da die Frau und
streichelt dem Hund immerzu über den Kopf.
„Hast du schon wieder deine Leine los-
gerissen! Das darfst du doch nicht!"

Aber dann sieht sie plötzlich Linnea und Magnus,
die stehen und gucken. „Er hat uns beschwindelt!",
sagt Linnea böse. „Er ist gar kein Waisenhund!"
Und vielleicht muss sie sogar gleich ein kleines
bisschen weinen.

„Ihr zwei habt meinen Bonzo also wieder ein-
gefangen!", sagt die Frau. „Das war aber nett von
euch! Und vielleicht könnt ihr mir jetzt auch noch
mal helfen? Ich hab ja beide Hände voll, da könnt
ihr vielleicht den Bonzo für mich nehmen."
„Dürfen wir auch denken, dass er unser Hund ist?",
fragt Linnea.
„Denken darf der Mensch, was er will", sagt die Frau.
„Die Gedanken sind frei."
Da nehmen Linnea und Magnus zusammen die Leine
und denken, dass Bonzo ihr Hund ist, ihr Hund ganz
alleine.
Und vielleicht denkt Bonzo das sogar auch, weil er so
rennt und so springt und die ganze Zeit ganz fröhlich
guckt.

28

„Weißt du was, Magnus?", sagt Linnea, als sie später nach Hause gehen. „Nun ist er doch kein Waisenhund gewesen! Da können wir nicht seine Mama sein und sein Papa. Aber seine Tante können wir sein und sein Onkel."

29

Magnus nickt. Er will gerne ein Hundeonkel sein.
„Morgen", sagt Magnus zufrieden. Da gehen sie
bestimmt wieder hin.

LINNEA
MACHT SPERRMÜLL

Zum Glück gibt es immer ziemlich viele gute Tage im Jahr. Weihnachten und Ostern gibt es und Geburtstag und Silvester.

„Und Sperrmüll", sagt Linnea.

Aber da sagt Mama, dass Sperrmüll kein so *ganz* besonderer Tag ist.

„Ist er doch", sagt Linnea, und Magnus findet das auch. Sperrmüll ist fast so gut wie Weihnachten und Geburtstag. Weil man da nämlich richtig gute Sachen finden kann: kaputte Fahrräder, bei denen die Klingel noch ganz gut ist, und schöne alte Sofas zum Hüpfen.

„Ja, Sperrmüll ist geil", sagt Magnus.
Dann geht er mit Linnea auf die Straße, und da
finden sie einen fast ganz heilen Fußball und einen
riesengroßen schwarzen Kochtopf, den kann Mama
bestimmt noch gebrauchen.

„Wetten, da freut sie sich!", schreit Linnea.
„Das ist wirklich lieb von euch", sagt Mama. „Nur hab
ich eigentlich genug Töpfe. Aber wie gut, dass ich

jetzt weiß, dass heute Sperrmüll ist! Da gucken wir gleich mal, was bei uns alles wegkann!"
Und dann geht Mama mit ihrem Sperrmüll-Blick durch die ganze Wohnung. Und da findet sie auch wirklich einen alten Tapeziertisch, den kein Mensch mehr braucht, und einen kaputten Klappstuhl.

„Na bitte!", sagt Mama zufrieden. Aber dann schlägt sie sich plötzlich gegen die Stirn.

„Und das Riesenvieh!", ruft sie und krabbelt halb
unter ihr Bett, wo eine große, dicke Stoffkuh
ganz staubig eingequetscht liegt. „Die kommt jetzt
endlich auch mal weg!"
Aber das kann Linnea nun wirklich nicht erlauben.

„Nicht Milchmieken!", schreit sie und sie reißt an dem langen weißen Schwanz. „Du kannst doch Milchmieken nicht einfach totmachen lassen!" Milchmieken ist nämlich Linneas Kuh, und Linnea hat sie gewonnen, als sie mit Papa in Bremen auf dem Jahrmarkt war.

Mama sagt immer, man soll auf dem Jahrmarkt
keine Lose kaufen, da gewinnt man nie was, und nur
das schöne Geld ist futsch.
Aber Papa kauft immer ordentlich viele Lose. Und
nun sieht man ja mal, wer von den beiden Recht hat.
Linnea hat jedenfalls Milchmieken gewonnen, und die
ist ganz riesengroß.

Viel größer als Linnea ist sie und größer als Magnus und vielleicht sogar ein winziges bisschen größer als Anna. Und dabei ist Anna schon elf.

„Das blöde Müllauto soll die nicht zermatschen!", schreit Linnea böse. „Die gehört dir wohl nicht!"

„Also guck mal, Linnea", sagt Mama ärgerlich, „die ist doch schon ganz kaputt!"
Dann schüttelt sie Milchmieken, und da rieseln wirklich lauter kleine weiße Kügelchen aus ihren Nähten und fallen auf den Teppich.

40

„Das ist doch ein Billigteil! So was hält nie besonders lange!"

Und dann will Mama Milchmieken wirklich an den Straßenrand tragen.

„Nein!", schreit Linnea und Magnus tippt Mama vorsichtig gegen den Arm. „So eine alte Kuh will doch auch gerne leben!", sagt er bittend.

Aber Mama schüttelt ihn ab. „Nun seid doch mal vernünftig!", sagt sie. „Die liegt doch hier schon ewig unter dem Bett, weil sie rieselt!"
Und dann schleppt sie Mieken die Treppe nach unten und an den Straßenrand.
„Nein, Mama!", sagt Magnus.
„Milchmieken!", brüllt Linnea.

Mama seufzt. „Wenn ihr lieb seid, gibt es nachher auch ein Eis."

Und da seufzt Linnea auch. „Na gut", sagt sie, „aber nicht in die Hundekacke!"

Da schleppt Mama Mieken noch ein kleines Stück weiter und setzt sie ganz gemütlich neben einen Busch.

„Na, bitte", sagt Mama. „Hier hat sie es jetzt schön in ihren letzten Stunden."

Dann gibt Linnea Mieken noch einen Kuss, und dann gehen Mama und Magnus und Linnea zusammen zur Eisdiele und Linnea darf Spagetti-Eis und Magnus Bananensplit.

„Du kannst meinen Rest haben", sagt Magnus zu
Linnea. „Ich muss immer an Mieken denken. Da hab
ich keinen Appetit."

„Ich schon", sagt Linnea, aber leider ist sie von ihrem
Spagetti-Eis schon plumpevoll.
Da ist das Bananensplit ja leider vergeudet.

Zu Hause soll Linnea sich gleich bettfertig machen.
„Ich muss nur noch mal kurz zu Erdem!", sagt Linnea
beim Zähneputzen.
Erdem ist ihr Freund, und zum Glück wohnt er im
selben Haus. „Ich hab ihm das versprochen."
„Aber nicht abends um acht!", sagt Mama streng.
„Und nicht im Schlafanzug!"
„Ich muss das aber jetzt!", sagt Linnea.
„Das Einzige, was du jetzt musst, ist schlafen!",
sagt Mama.
Aber leider kann Linnea ihr jetzt nicht
gehorchen. „Gleich mach ich das, Mama!",
ruft sie und reißt die Wohnungstür
auf. „Ich komm ja gleich wieder!"
Dann flitzt Linnea nach unten.

Und dabei wohnt Erdem doch eigentlich über ihr!
Draußen ist es schon dunkel und gruselig ist es ihr
auch.
Wie gruselig muss sich dann erst Milchmieken
fühlen, die ganze Nacht ganz allein auf der düsteren
Straße!
„Ich komm ja schon, Mieken", flüstert Linnea. „Hab
keine Angst. Deine Mama rettet dich gleich!"
Und wirklich, man kann richtig sehen, wie große

Angst Mieken hat und wie doll sie sich jetzt freut.
Ganz zusammengesackt sitzt sie neben ihrem
Busch.

Und als Linnea sie an einem Horn packt, rieselt es
weiß aus ihren Nähten.
„Arme kleine Milchmieken", flüstert Linnea, „jetzt
wirst du gerettet."

48

Und dann schleift sie Mieken über den Plattenweg,
und hinter ihnen bleibt eine helle Spur aus weißen
Kügelchen, die leuchten in der Nacht.

„Nun nur noch die Treppe rauf", sagt Linnea, „das
hältst du schon durch."
Aber als sie oben bei Erdem angekommen ist, ist sie
ganz schön aus der Puste.

„Nanu, Linnea!", sagt Erdems Mutter. „Der Erdem
schläft längst!" Sie guckt den Schlafanzug an. „Und
du solltest das auch tun", sagt sie freundlich, „und
deine Kuh auch."
Linnea schüttelt den Kopf. „Die will bei Erdem
schlafen", sagt sie energisch. „Hat sie gesagt. Hab ich
Erdem versprochen. Und außerdem können wir sie
auch grade nicht brauchen."

„Und warum nicht?", fragt Erdems Mutter verblüfft.

„Weil sie unter Mamas Bett wohnt, du Dummi!", sagt Linnea. „Und da muss Mama mal putzen."

„Ach so!", sagt Erdems Mutter. „Na gut, dann kann sie bleiben. Aber nur, bis es bei euch sauber ist unter dem Bett."

„Vielen Dank!", schreit Linnea, und dann flitzt sie nach unten und klingelt bei Mama.

„Linnea!", sagt Mama böse. „Das war ungezogen von dir!"

„War das gar nicht!", sagt Linnea.

„Was wolltest du denn bei Erdem?", fragt Mama und seufzt.

Aber da hat Linnea sich schon in ihre Bettdecke gekuschelt.

„Ich petz doch kein Geheimnis!", sagt sie böse. „Ich bin ja kein Baby!"

Mama gibt ihr einen Kuss. „Das bist du wirklich nicht", sagt sie ganz lieb. „Und es war toll von dir, dass du die Kuh zum Sperrmüll gebracht hast."

Aber da hat Linnea längst die Augen zugemacht.
„Ich schlaf schon!", sagt sie.
„Gute Nacht, Schatz", sagt Mama, „und süße
Träume."
Dann schaltet sie das Licht aus. Und Linnea denkt,
dass sie wirklich kein Baby mehr ist, sondern mal
wieder ein guter Mensch. Milchmieken hat sie
gerettet, ganz alleine.
Und morgen holt sie Mieken wieder und stopft sie
unter das Bett. Da findet Mama sie bestimmt nicht
so bald.

LINNEA
WILL PFLASTER

Wenn Linnea mit Mama einkaufen geht, sieht sie
immer lauter tolle Sachen.

Teddykekse, zum Beispiel, oder Kinderpflaster mit
Mickymäusen.

„Nein, Linnea, du, wir haben wirklich noch genug
Pflaster", sagt Mama. „Das müssen wir erst mal
aufbrauchen."

Zu Hause guckt Linnea in den Medizinschrank und

da ist wirklich noch schrecklich viel Pflaster, lang-
weiliges, altes, braunes. Da macht das Hinfallen
ja gar keinen Spaß. Und so oft kann außerdem
überhaupt kein Mensch hinfallen, dass er das ganze
alte Pflaster aufbraucht. Das reicht bestimmt noch
tausend Jahre. Kinderpflaster mit Mickymäusen
kriegt Linnea bestimmt erst, wenn sie schon hundert
ist.
Aber dann passiert etwas richtig Gutes.

Am nächsten Tag, als Linnea mit Erdem aus dem
vierten Stock Außerirdische spielt, fällt Erdem hin,
richtig doll mitten aufs Knie.
Und er schreit und schreit, und als Linnea hinguckt,
hat Erdem vielleicht sogar Blut an seinem Knie,
ganz echtes Blut.

„Komm mit, Erdem, meine Mama hilft dir!", schreit
Linnea.
Und dann schleppt sie Erdem die Treppe hoch und
klingelt.

„Na ja, na ja, na ja", sagt Mama
und guckt sich Erdems Knie ganz
genau an. „Man könnte vielleicht
schon sagen, dass es blutet.
Wenn man ganz genau hinguckt,
vielleicht."

Und dann holt sie das alte braune Pflaster aus dem Medizinschrank, schneidet ein Stück ab und klebt es auf Erdems Knie. Und Erdem guckt auch ganz zufrieden.

„Nun ist alles wieder gut", sagt Mama.

Und das findet Linnea auch.

Wenn noch ein paar Kinder beim Spielen hinfallen,
kriegt sie das tolle Kinderpflaster vielleicht doch noch,
bevor sie hundert ist.

Aber am nächsten Tag fällt kein Einziger hin, und
dabei schlägt Linnea doch immerzu ganz gefährliche
Spiele vor.

Auf der hohen Mauer balancieren, zum Beispiel, oder über den riesigen Zaun am Bolzplatz klettern. Aber keiner macht mit.

Erdem sagt, das ist zu gefährlich, und Katja sagt, das hat ihre Mutter verboten. So kriegt Linnea natürlich ihr Kinderpflaster nie.

„Ich glaub, du hast dich geschnitten, Magnus", sagt Linnea beim Abendbrot und guckt auf Magnus' Hand. „Ich glaub, da ist Blut."

„Du tickst ja nicht mehr richtig", sagt Magnus und schneidet sich eine Scheibe Käse ab.

„Das ist doch Tinte! Blut ist doch nicht blau!"

„Aber Anna hat sich geschnitten", sagt Linnea listig.

„Guck mal, Mama!"

„Wo denn?", fragt Mama.

„Wo denn?", fragt Anna.

Und da sagt Linnea, dass sie alle doof sind.

„Ihr könnt euch vielleicht doch mal schneiden!", schreit sie. „Nur ein ganz kleines bisschen! Mit Blut!"

Aber da sagt Mama, dass Linnea sich wirklich mal
schämen soll. Man darf ja wohl anderen Menschen
nicht wünschen, dass sie sich wehtun sollen!
„Darf man doch!", schreit Linnea und steht auf. Ihren
Stuhl lässt sie umkippen dabei. Mit Absicht, jawohl.
Dann geht sie in ihr Zimmer.

Aber am nächsten Tag ist Linnea doch nicht mehr
böse. Und außerdem weiß sie jetzt, wie man es
machen muss.
Am Nachmittag klingelt sie mit Katja bei Mama.
„Katja braucht ein Pflaster", sagt Linnea bestimmt.
Mama guckt Katja ganz genau an.

„Aber sie blutet ja gar nicht!", sagt Mama.
Linnea stemmt ihre Hände in die Hüften.
„Du darfst doch anderen Menschen nicht wünschen,
dass sie sich wehtun sollen!", schreit sie. „Das darfst
du doch nicht!"
Mama guckt verblüfft.

„Aber wozu braucht Katja dann das Pflaster?", fragt
sie erstaunt.
„Sie fühlt sich dann besser", sagt Linnea.

Und da klebt Mama ein riesiges Pflaster auf Katjas
schmutziges Knie. „So, bitte", sagt Mama.
Aber fünf Minuten später klingelt Linnea schon
wieder.
„Jetzt hat Erdem sich wehgetan", sagt sie angriffs-
lustig. „Gib Erdem auch mal ein Pflaster."
„Blutet Erdem auch kein bisschen?", fragt Mama
vorsichtig.
Linnea nickt.

„Da freust du dich doch bestimmt", sagt sie. „Dass
Erdem überhaupt gar nicht weinen muss."
Und da gibt Mama Erdem sein Pflaster. Das ist auch
eins von den alten braunen Dingern. Von denen ist
jetzt schon nicht mehr viel übrig.

„Da bin ich ja gespannt, wer sich
als Nächster wehtut", sagt Mama,
als Linnea und Erdem wieder
nach unten gehen.
„Ich auch", sagt Linnea.

Aber fünf Minuten später steht sie mit Puschel vor
der Tür, das ist Katjas Hamster.
„Du meine Güte!", sagt Mama. „Hat Puschel sich
auch wehgetan?"

„Überall", sagt Linnea bestimmt. „Gib ihm mal
ordentlich Pflaster! Das braucht der."
Da streichelt Mama Puschel über den
Rücken.
„Ich glaub, der will viel lieber Körner", sagt
Mama und lacht. „Für heute ist Schluss
mit der Pflasterkleberei."

72

Dann macht sie die Tür einfach zu. Und auch als
Linnea klingelt und klingelt, macht sie nicht wieder
auf.
Am nächsten Tag hat Linnea ganz schlechte Laune.

„Soll ich wieder zu dir kommen?", fragt Erdem
am Nachmittag. „Pflaster von deiner Mama
kriegen?"

„Nee, sollst du nicht", sagt Linnea unfreundlich.
„Jetzt ist Schluss mit der Pflasterkleberei."
Und sie kickt ganz doll gegen eine leere Dose.
Was ist, wenn *sie* jetzt mal selber richtig hinfällt?

Dann muss Linnea eins von den alten braunen
Pflastern nehmen, die helfen bestimmt nicht so gut.
Aber dann ist Mama schuld, ganz allein Mama.
Die ist ja immer so geizig.

Als Linnea nach Hause kommt, ist Mama schon da.
„Na, Linnea?", fragt Mama. „Und heute ist keiner
verletzt? Braucht heute keiner ein Pflaster?"
Aber Linnea gibt Mama gar keine Antwort, weil
Mama so doof ist und so gemein.

Da geht Linnea lieber in ihr Zimmer. Aber natürlich
lässt Mama sie wieder nicht in Ruhe.
„Du kannst ja mal im Badezimmer gucken", sagt
Mama. „Wo doch zurzeit bei uns so schrecklich viel
Pflaster verbraucht wird, da dachte ich mir …"
Und da ist Linnea schon ins Badezimmer geflitzt,
und wirklich, da liegt tatsächlich eine Schachtel
mit Mickymauspflastern auf der Ablage.

Mama steckt den Kopf durch die Badezimmertür.

„Glaubst du, jetzt werden die Unfälle weniger?", fragt sie. „Oder vielleicht eher noch ein bisschen mehr?"

Linnea denkt nach.

Das Pflaster sieht so toll aus, vielleicht will sie das gleich mal irgendwo draufkleben.

„Mal sehen", sagt Linnea zufrieden. „Weiß ich doch noch nicht, du! Der Erdem fällt ja immer so viel hin. Der ist ja so unvorsichtig."

Dann gibt sie Mama einen ziemlich dicken Kuss.

Jetzt muss sie aber schnell mal Erdem holen.
Sie möchte doch wirklich gerne wissen, wie das tolle
Pflaster auf einem Knie aussieht.

LINNEA SCHICKT EINE FLASCHENPOST

Am Wochenende ist Linnea mit Magnus und Anna bei
Papa in Bremen. Und leider müssen sie schon wieder
an der Weser spazieren gehen.

„Meine Linni findet das doof", sagt Linnea.
Aber dann sieht sie plötzlich mitten auf dem Weg
eine leere Bierflasche liegen.
„Weg da!", schreit Linnea und schnappt sich die
Flasche.

Dann schmeißt sie sie mit Schwung ganz weit in den Fluss.

„Stopp, Linnea!", schreit Magnus. „Das ist Umwelt-
verschmutzung!"

„Das ist Flaschenpost", sagt Linnea zufrieden.
„Siehst du doch!"

„Du bist ja blöde!", sagt Anna. „Flaschenpost ist das
nur, wenn man schiffbrüchig ist. Auf einer Insel.
Und gerettet werden muss! Und du bist ja wohl nicht
schiffbrüchig."

„Bin ich wohl!", sagt Linnea böse. „*Fast* bin ich das.
Weißt du ja gar nicht!"

„Aber dann muss da auch ein Zettel rein, Linnea",
sagt Magnus ganz lieb.
„Wo du bist. Und wenn Leute das finden, sagen sie:
‚Oh, guck mal! Da ist ja eine schiffbrüchig!'
Und dann retten die dich."

„Genau!", sagt Anna. „Und jetzt schwimmt die Flasche nach Amerika. Da sieht sie dann einer durch sein Fernglas und watet ins Wasser, um sie zu holen. Weil der doch denkt, er muss einen retten. Und dann war alles umsonst."

„Ja?", sagt Linnea zufrieden. „Die hab ich reingelegt, die Amerikaner."

„Und nasse Füße kriegt der auch!", sagt Magnus.

„Und dann erkältet der sich. Und alles umsonst."

„Ja, tut der das, Magnus?", fragt Linnea. „Ich war das
ja gar nicht. Meine Linni hat die Flasche geschmissen.
Mit der schimpf ich jetzt mal."

Am Montag ist Linnea wieder bei Mama zu Hause.
Und da regnet es und regnet, und als es aufhört,
hat Linnea eine Idee. Sie saust in die Küche, wo auf
dem Tisch noch immer die Flasche Apfelsaft steht.
Da ist noch ein ganz bisschen drin. Aber das kann
Linnea jetzt leider nicht brauchen.
„Entschuldige bitte, lieber Gott", sagt Linnea und
schüttet den Saft in den Ausguss.
Dieser Gott kann nämlich ziemlich böse werden,
sagen sie im Kindergarten, wenn man guten Saft
wegkippt und die Kinder in Afrika hungern.
„Aber die hätten das ja sowieso nicht gekriegt",
sagt Linnea nach oben.

Mit der Flasche unterm Arm klingelt sie bei
Erdem aus dem vierten Stock.
„Komm mal mit, du, Erdem", sagt Linnea. „Ich
weiß was Gutes."

Dann gehen sie zusammen zur Baustelle
unten an der Straße, auf der man nie
und nie und niemals spielen darf.

Da gibt es die allerbesten Pfützen, und eine ist fast so riesengroß wie das ganz echte Meer.
Nur in der Mitte guckt noch ein kleiner Haufen Baustellenerde aus dem Wasser.

„Das ist eine Insel, Erdem", sagt Linnea. „Und da
müssen wir hin. Ich zeig dir das mal."
Dann geht sie ganz vorsichtig auf Zehenspitzen
durch das Wasser.
Und leider werden dabei ihre Füße ein winziges
bisschen nass.
„Ich darf das nicht!", sagt Erdem. „Ich hab keine
Gummistiefel an!"

Aber Linnea sagt, pöhh, das hat
sie ja auch nicht. „Siehst du doch!",
sagt Linnea. „Ich angel mir jetzt einen
Fisch. Weil ich schiffbrüchig bin."
Und sie hält ihren Arm ganz weit über die Pfütze.
„Angel, angel, angel!", sagt Linnea. „Ich verhunger
ja gar nicht."

Da kommt Erdem ganz vorsichtig zu ihr auf die Insel gewatet.

„Ich will auch fischbrüchig sein", sagt er.

„Wo ist denn der Fisch?"

„Den brat ich uns jetzt", sagt Linnea. „Ich hab ja ein Lagerfeuer. Brate, brate, brate, jetzt ist er fertig."

„Ich will auch mal!", sagt Erdem.
„Angel, angel, angel, jetzt hab ich auch einen, und der
ist ganz riesengroß."

„Hast du gar nicht!", sagt Linnea. „Geh da mal weg!
Da sind Haie drin, eine Million!
Das ist viel zu gefährlich für kleine Jungs."
Da springt Erdem zurück und guckt ganz ängstlich,
und Linnea sagt, dass sie ihn doch beschützt.

„Und essen darfst du auch", sagt Linnea. „Nur nicht
angeln. Und kochen auch nicht."
„Ich will jetzt nach Hause!", sagt Erdem jammerig.
„Meine Füße sind kalt!"
Und dann stippt er auch schon seinen Fuß in die
Pfütze.
Aber Linnea ruft, dass das leider nicht geht. Weil in
der Pfütze nämlich leider auch noch Krokodile
wohnen.

„Und da weint deine Mama doch", sagt Linnea streng,
„wenn die dich fressen. Dann hat sie ja gar keinen
kleinen Erdem mehr."

Aber jetzt weint Erdem beinahe und sagt, dass er nun
aber doch ganz schnell nach Hause will. Zu seiner
Mama.
Und Linnea denkt, was für ein Glück es doch ist, dass
sie so schlau war und sich auskennt.

„Dann rette ich dich jetzt", sagt Linnea. „Ich hab eine Flaschenpost! Guck mal, Erdem, so!"
Und sie schmeißt die Apfelsaftflasche in hohem Bogen mitten in die Pfütze.

„Die findet jetzt einer und der rettet uns dann. Und wenn der sich erkältet, ist das gar nicht umsonst."

Da kommt auch wirklich gerade Frau Frohwinkel aus
dem zweiten Stock die Straße hoch.

„Hallo, Linnea!", sagt sie und bleibt stehen. „Hallo,
Erdem!"

„Rette uns mal, Frau Frohwinkel!", ruft Linnea. „Die
Flaschenpost bedeutet, dass du das musst."

Frau Frohwinkel lacht. „Dafür habe ich nicht die
richtigen Schuhe an", sagt sie und geht weiter.

„Die doofe dumme Doofe!", sagt Linnea und streckt
Frau Frohwinkel heimlich ein bisschen die Zunge raus.
„Selber schuld, wenn wir tot sind!"
Da heult Erdem wirklich, und Linnea quetscht ihn
ganz fest, damit er nicht abhaut.
„Bestimmt kommt gleich einer, der unsere Flaschen-
post findet", sagt sie und drückt ordentlich zu.
Und ganz genau da kommt ein Bauarbeiter in einem
blauen Overall und mit gelben Gummistiefeln an
seinen großen Füßen.
„Nanu, nanu!", sagt er. „Was ist denn hier passiert?"
„Der kleine Erdem ist schiffbrüchig", sagt Linnea.
„Da, guck mal, die Flasche!"

„Tatsächlich, eine Flaschenpost!", sagt der Mann und kratzt sich am Kopf. „Auch wenn sie ja leer ist."
„Leer gildet auch!", sagt Linnea. „Du siehst uns ja wohl. Und jetzt musst du uns retten. Den kleinen Erdem zuerst."

Da watet der Mann durch die Pfütze und nimmt
zuerst Erdem auf seine Arme und danach Linnea.
„So tief ist die Pfütze doch gar nicht", sagt er.

Dann fischt er auch noch die Flasche aus dem Wasser.
„Da kriegst du noch Pfand", sagt der Mann und
verschwindet.
„Erdem!", brüllt Linnea. Aber der ist schon längst
nach Hause gelaufen.
„Linnea!", sagt Mama, als sie die Tür aufmacht.
Leider ist sie schon da. „Wie siehst du denn aus!"

„Ich musste Erdem retten", sagt Linnea böse. „Der hat sich nicht aus der Pfütze getraut. Der glaubt, da sind Haie. Und helfen muss man ja wohl!"

Da strubbelt Mama Linnea durch die Haare.
„Das war lieb von dir", sagt sie. „Und ich mach dir
mal ein schönes warmes Bad. Weil du so tüchtig
warst."
„Genau", sagt Linnea. Vielleicht rettet sie ja morgen
schon wieder einen.

LINNEA KLAUT MAGNUS DIE ZAUBERDOSE

1.

„Hopp, hopp, hopp!", sagt Papa und hält die
Autotür auf. „Wir sind schon eine halbe Stunde
zu spät! Da krieg ich wieder Ärger mit eurer
Mutter!"
Magnus quetscht sich auf die Rückbank. Es ist
das letzte Wochenende vor den Frühjahrsferien
und sie haben Papa in Bremen besucht, Anna,
Linnea und Magnus, aber jetzt fahren sie wieder
nach Hause zu Mama. Am Schluss wird Papa
immer richtig drängelig.

„Alle angeschnallt?", fragt Papa und dreht den Zündschlüssel um. „Dann ab durch die Mitte!"
„Du musst auf meine Linni warten, Mensch!", schreit Linnea und quetscht ihre Puppe mit unter den Gurt von ihrem Kindersitz. „Jetzt ist sie fertig. Dass du aber auch immer so ungeduldig bist!"

Magnus kichert. Jetzt will er sich was Schönes denken. In seiner Jackentasche fühlt er die Dose, und wenn er sie ein bisschen schüttelt, kann er darin etwas herumkullern hören, und da weiß er nicht mal, was das ist.
Manchmal gibt es Zauberdosen ja wirklich.

2.

Gestern Nachmittag hat Magnus Papa nämlich
beim Tapezieren geholfen.

„Und war dein Geburtstag noch schön letzte
Woche?", hat Papa gefragt und sich von Magnus
die Schere geben lassen. „Gut gefeiert?"

„Mhm", hat Magnus gesagt. „Ich wünsch mir ja
immer das Falsche."

„Wieso das Falsche?", hat Papa gefragt und eine
Tapetenbahn ordentlich eingekleistert. „Das
Falsche kann man sich gar nicht wünschen."

„Und wieso krieg ich dann nie das, was ich haben
will?", hat Magnus böse gefragt. „Schon wieder
kein Tier und das große Tierlexikon auch nicht?
Nur so einen blöden Schlafanzug und ein Spiel?"

Da hat Papa nachdenklich geguckt. „Vielleicht zu teuer?", hat er gemurmelt, und dann haben sie nicht mehr geredet, nur noch Tapetenbahnen eingekleistert und an die Wand gepappt.

Aber am Abend vor dem Schlafengehen ist Papa
noch mal extra zu Magnus gekommen und hat
ihm etwas gegeben.
„Ich weiß natürlich nicht, ob das hilft", hat Papa
gesagt und ganz verlegen ausgesehen. „Aber
probieren kannst du's ja mal. Das ist eine –
Zauberdose." Und dann hat er eine kleine Dose
auf Magnus' Schlafsack gelegt, einfach so eine alte
Hustenbonbondose, die ist ringsherum ganz fest
mit Tesafilm zugeklebt. „Als ich ein Junge war,
hat das mir mal …"

Dann hat Papa die Achseln gezuckt. „Also mir hat
so was mal geholfen."
Magnus hat Papa angestarrt. Es gibt natürlich
keine Zauberdosen auf der Welt, und wenn
Magnus das mit sieben weiß, dann muss Papa
das ja wohl wenigstens auch wissen. Wo Papa doch
sonst immer so vernünftig ist.
„Sie hilft natürlich nicht bei allem", hat Papa ganz
schnell gesagt. „Aber du kannst ja mal – ja."
Dann hat er wieder seine normale Stimme
gekriegt. „Alle fertig? Dann mach ich das Licht
aus."

„Was hat er dir da für Blödsinn erzählt?", hat
Anna gefragt. Wenn sie am Papa-Besuchs-
Wochenende in Bremen sind, ist Anna sowieso
immer biestig.

Darum hat Magnus auch gar nicht geantwortet.
„Ich will schlafen", hat er gesagt. Aber die Dose
hat er ganz schnell in seinem Schlafsack versteckt.

3.

Natürlich gibt es keine Zauberdosen, das weiß
Magnus ganz genau. Aber wenn man sie nicht
anguckt, fühlt sich die Dose in seiner Jackentasche
auf der ganzen Rückfahrt wirklich zauberig an,
und wenn Magnus sie ein bisschen schüttelt, wird
sie immer zauberiger. Weil es dann rasselt in ihr
drin, gar nicht besonders laut. Man kann im
Leben nie wissen.
Natürlich gibt es keine Zauberdosen, weiß ich ja
selber, denkt Magnus. Aber *probieren* kann ich
wohl mal. Simsalabim, ich wünsch mir bitte ein
Tierlexikon und ein Tier. Nun wollen wir doch
mal sehen.

4.

Zu Hause wartet Mama schon.

„Dass ihr auch immer so spät kommt, wenn ihr in Bremen wart“, sagt sie unzufrieden und hilft Anna, Magnus und Linnea, ihre Taschen nach oben zu tragen. „Und morgen geht ihr müde in die Schule und in den Kindergarten.“

„Meine Linni nicht“, sagt Linnea bestimmt. „Die hat morgen Scharlach gekriegt.“

Mama lacht. „Aber ihr anderen drei ja hoffentlich
nicht", sagt sie und schließt die Wohnungstür auf.
„Dann fangt ihr die Woche schon mit zu wenig
Schlaf an und dann ..."
„Papa hat mir eine Zauberdose geschenkt", sagt
Magnus schnell. „Die hat er als Junge gehabt."
Mama guckt ihn verblüfft an. „Eine Zauberdose?",

sagt sie und schüttelt den Kopf. „Euer Vater? Na, das sollte mich aber wundern."

Magnus zieht die Dose aus der Tasche und hält sie Mama hin, aber da hat Anna sie sich schon geschnappt. „Zauberdose, du tickst ja nicht mehr richtig!", sagt sie. „Da waren Hustenbonbons drin!" Und sie schüttelt die Dose, dass es immer wilder rasselt. „Und als Junge hat Papa die bestimmt nicht gehabt. Da gab es die Bonbonmarke ja noch gar nicht!"

Magnus reißt ihr die Dose aus der Hand. „Gib her!", schreit er böse, und dann boxt er Anna auch noch ein kleines bisschen gegen den Bauch. Anna versteht nie was, dabei ist sie schon fast elf. Bestimmt haben andere Jungs nicht so gemeine große Schwestern.

„Nun lasst mal den Streit", sagt Mama müde. „Guckt mal lieber auf eure Kopfkissen. Als ich gestern beim Einkaufen war, hab ich euch was mitgebracht. Nichts Großes", aber Linnea ist schon losgestürmt und da geht Magnus auch.

Auf seinem Kopfkissen liegt ein Buch über Tiere in Afrika, das ist groß und blank und hat überall bunte Bilder.

„Oh, danke, Mama, danke!", ruft Magnus und stürzt wieder auf den Flur. Natürlich ist es nicht das Tierlexikon, das er sich gewünscht hat, das kostet ja über fünfzig Euro. Aber ein wunderbar aufregendes Tierbuch ist es trotzdem, mit Fotos von Afrika und mit Landkarten mit bunten Linien drin und mit nicht so viel Worten. Das Tierlexikon ist es nicht, aber wunderbar ist es trotzdem.

Linnea hat ein Kleid für ihre Linni gekriegt, das ist kariert und hat einen Spitzenkragen, und Linni sieht darin auf einmal ganz vornehm und wie eine fremde Puppe aus.

„Dann musst du deinem Balg jetzt aber auch mal das Gesicht waschen", sagt Anna und guckt im Spiegel, wie ihr die neue Haarspange steht. „Das passt ja nicht zusammen, so ein sauberes Kleid und so ein dreckiges Gesicht."

Linnea tippt sich gegen die Stirn. „Piep, piep, piep,

Dummi", sagt sie zufrieden. „Die ist so vornehm, meine Linni. Die pupert jetzt gar nicht mehr in ihre Windeln", und sie hebt den Rock vom Puppenkleid hoch und reißt Linni ihre Windel vom Po. „So machen das die feinen Damen."

Anna zeigt Linnea einen Vogel, aber Magnus ist dazu viel zu glücklich. „Über Afrika hab ich noch gar nichts", sagt er. „Das hast du gut ausgesucht, Mama."

„Lag auf dem Grabbeltisch", sagt Mama und zieht vor dem Fenster die Vorhänge zu. „Darum war

es nicht mehr so teuer. Aber jetzt musst du auch
wirklich schlafen, Magnus. Sonst kriegst du
morgen früh die Augen nicht auf."
Das Tierlexikon ist es natürlich nicht, denkt
Magnus und zieht seinen Schlafanzug an. Aber
so *ähnlich* ist es schon. Eigentlich kann ja kein

Mensch genau wissen, ob es nicht doch Zauberdosen gibt. Und ob die nicht in Wirklichkeit *immer*
aussehen wie Hustenbonbondosen.

„Magnus?", ruft Mama da über den Flur. „Bist du
gleich fertig? Es ist fast halb zehn!"

Magnus nickt. Wenn morgen nicht die blöde
Schule wäre, könnte ich noch ganz in Ruhe mein
Buch angucken, denkt er und legt behutsam die
Zauberdose auf seinen Schreibtisch. Die Giraffen
sehen so schön aus. Die haben so liebe Gesichter.
Aber natürlich muss man mal wieder um sieben
Uhr aufstehen.

Da klingelt im Wohnzimmer das Telefon.

„Geht ihr schon ins Bett!", ruft Mama. „Ich sag
Gute Nacht, wenn ich fertig bin!" Dann läuft sie
zum Telefon.

Vielleicht kann man Giraffen auch zahm machen,
denkt Magnus. Wie Hunde. Man müsste ihnen nur
beibringen, dass sie mit dem Kopf nicht überall
dagegen stoßen, der ist ja so hoch. Und wenn sie
groß sind, kann man auf ihnen reiten.

Da steht Mama in der Zimmertür.

„Magnus?", sagt sie. „Du schläfst doch noch nicht?
Das war eure Telefonkette aus der Schule. Für

dich fällt morgen die erste Stunde aus", und sie
küsst Magnus auf die Stirn. „Und nun schlaf
schön, mein Großer. Die Nacht ist auch so kurz
genug."
So ganz richtig kann die Dose es noch nicht, denkt
Magnus, als Mama die Decke überall um ihn
herum festgestopft hat und es in seinem Bett so
gemütlich und warm ist wie in einem kuscheligen
kleinen Nest. Das Tierbuch ist ein Tierbuch und

nicht das Lexikon, und nun fällt die erste Stunde aus, aber ich muss trotzdem schon schlafen. Vielleicht ist es nur, weil die Dose aussieht wie eine ganz normale Hustenbonbondose. Vielleicht hat sie sich noch nicht richtig daran gewöhnt, dass sie jetzt eine Zauberdose ist. Vielleicht macht sie darum beim Wünsche-Erfüllen noch Fehler. Aber zum Glück ja nur kleine.

Magnus macht die Augen zu. So ein schönes Geschenk von Papa. So zauberig und geheimnisvoll. Und niemals, niemals im ganzen Leben darf man wissen wollen, was das Rasseln innendrin ist. Dann ist der Zauber ja vielleicht verloren. Und schließlich braucht Magnus ja auch noch ein Tier.

124

5.

Am nächsten Morgen hätte Magnus fast vergessen,
die Zauberdose in seinen Ranzen zu tun, aber
dann holt er sie doch noch schnell vom Schreibtisch.
In der Schule müssen sie natürlich gleich in der
dritten Stunde einen Sachkundetest schreiben,
lauter schwierige Fragen, und Magnus denkt, dass
die Dose da aber wirklich nicht aufgepasst hat. Der
muss man wohl alles *extra* sagen, was? Dass man
keinen Sachkundetest schreiben will und nicht so
viele Hausaufgaben aufhaben und dass der starke
André aus der Dritten einen in der Pause nicht
immer jagen soll. Das hat die Dose alles nicht

gewusst und eine *richtige* Zauberdose hätte das
vielleicht getan. Auch wenn man ihr vorher nicht
extra Bescheid gesagt hätte.
„Nun pass aber mal besser auf, du!", sagt Magnus,
als die letzte Stunde anfängt, und legt die Dose
vor sich auf den Tisch neben seine Federtasche.
Da liegt sie jetzt wie eine ganz normale Hustenbonbondose, und wenn Herr Granzow vorbeikommt,
sagt er vielleicht, dass Magnus in der Stunde aber
keine Süßigkeiten lutschen darf. Magnus kichert.

„Na, Magnus, ahnst du schon, worüber ich mit euch sprechen möchte?", sagt Herr Granzow. „Weil du so vergnügt bist? Über die Ferien nämlich, am Freitag ist ja schon unser letzter Schultag. Wie heißen denn die Wochentage bis dahin, kann mir das mal einer sagen?"

Und das können natürlich eigentlich alle, sogar in der richtigen Reihenfolge, und da sagt Herr Granzow, na, dann haben sie ja so viel gelernt, dass sie sich eine Pause verdient haben.

„Aber ein Problem haben wir doch noch", sagt Herr Granzow und setzt sich mit einer Pobacke aufs Pult. „Und das müssen wir noch klären. Wer kann mir denn wohl sagen, was unser Ferien-problem ist?"

Da meldet sich Jonas und sagt, dass sie in den Ferien nicht das ganze Schreiben wieder vergessen dürfen und das ganze Minus, und Katja sagt, vielleicht regnet es in den Ferien, und Ali erzählt, dass er bei Regen mal ganz doll in den Matsch gefallen ist, mit Absicht, da war seine Mutter böse.

„Nein, halt, halt, halt!", sagt Herr Granzow. „Nicht erzählen jetzt! Nun denkt mal alle ganz scharf

nach. Es gibt nämlich noch was hier in der Klasse,
da müssen wir uns drum kümmern! Auch wenn
wir keine Schule haben. Was kann das denn wohl
sein?" Und er guckt ganz verwirrt in der Klasse
herum, als ob er das alles noch nie gesehen hätte:
die Bilder an der Wand mit den hübschen Fischen
darauf, die sie in Kunst geklebt haben, und die

Buchstabenkärtchen und die Lesekästen auf der
Fensterbank.

Und da weiß Magnus es auch schon.

„Frederik!", ruft er und vor lauter Aufregung hat
er sich nun nicht mal mehr melden können. „Wir
können doch Frederik nicht alleine lassen!"

Dass sie daran nicht schon vorher gedacht haben!
Frederik ist die Klassenmaus und er wohnt in
seinem Käfig auf dem Schränkchen mit den Lük-
Kästen. Eigentlich darf man ein Klassentier ja erst
in der zweiten Klasse haben, hat Herr Granzow

gesagt, aber seine Klasse ist wirklich schon so groß und vernünftig, dass es auch in der ersten klappen kann. Und dann hat er ihnen beigebracht, wie man Frederik füttert und wie man Frederiks Käfig sauber macht. Und nun dürfen das jede Woche zwei vernünftige Kinder ganz alleine tun, immer ein Junge und ein Mädchen.

Nur manchmal, wenn sie in der Klasse laut sind, muss Herr Granzow mitten in der Stunde rufen, dass sie wohl alle verrückt sind. „Mäuse haben ganz feine Ohren!", ruft Herr Granzow dann. „Das habt ihr wohl vergessen! Ihr wollt doch wohl nicht, dass Frederik krank wird von eurem Krach!"

Und dann fällt ihnen Frederik wieder ein und sie gucken alle schnell zum Käfig hin, wo die kleine Maus ganz aufgeregt durch die Gegend flitzt. Das

will ja keiner, dass es Frederik an den Ohren
wehtut.

Aber nun gehen sie alle in die Ferien und die
Schule wird abgeschlossen, und dann steht Frederik
ganz allein auf seinem Schränkchen. Und wer soll
sich dann um ihn kümmern? Der Hausmeister tut
das bestimmt nicht, der ist immer so unfreundlich,
und die Lehrer und die Kinder sind ja alle weg.

„Frederik!", ruft Magnus noch mal. „Wir können
doch Frederik nicht alleine lassen!"

Herr Granzow zeigt mit seinem Finger auf Magnus,
als ob er ihn aufspießen will.

„Genau, unser Frederik!", sagt Herr Granzow. „Aber eigentlich melden wir uns ja in dieser Klasse, wenn wir drankommen möchten, nicht, Magnus? Was soll denn bloß aus Frederik werden, wenn wir nicht da sind? Kann mir das mal einer sagen?"

Und das können natürlich alle, weil ja klar ist, dass man Frederik nicht zwei lange Wochen allein in der Klasse stehen lassen kann. Darum muss ihn ein Kind mit nach Hause nehmen.

„Ich, ich, ich!", schreit die ganze Klasse durcheinander, und Clemens sagt, dass er Frederik ja zu seinem Hamster setzen kann, und Jan sagt, dass sie gerade in die neue Wohnung gezogen sind, da haben sie Platz, und Anja sagt, dass nur ihre Oma allergisch ist, und die kann so lange zu Tante Elli ziehen.

„Na, wie ich sehe, wollt ihr euch *alle* um Frederik kümmern", sagt Herr Granzow. „Das ist schön von euch. Das hatte ich von meiner Klasse auch nicht anders erwartet. Aber nun wollen wir doch mal gucken, ob es auch bei allen tatsächlich geht", und dann fragt er, wer in den Ferien verreist, und da melden sich dreizehn Kinder.

„Ja, seht ihr, dann könnt *ihr* Frederik diesmal
nicht nehmen", sagt Herr Granzow ganz lieb. „Ich
glaube nicht, dass er so gerne mit euch in den
Urlaub fahren möchte. Aber vielleicht klappt es
ja in den nächsten Ferien."
Da legt Magnus ganz vorsichtig seine Hand auf
die Dose. Bitte, bitte, bitte, sagt er in seinem Kopf.
Sei eine Zauberdose, sei eine Zauberdose.
Er fährt in den Ferien nicht in Urlaub und zu
Papa nach Bremen muss er ja auch nicht
unbedingt. Und außerdem möchte Frederik

Bremen doch vielleicht ganz gerne mal kennen lernen.

„Und jetzt melden sich noch mal ganz ehrlich alle, bei denen irgendwer in der Familie eine Allergie gegen Felltiere hat", sagt Herr Granzow. „Auch wenn es nur die Oma ist."

Da melden sich wieder ziemlich viele, auch wenn die Hände ganz, ganz langsam in die Luft gehen und manche schummeln. Jannis zum Beispiel meldet sich natürlich nicht, und dabei weiß Magnus ganz genau, dass sein Papa eine Katzenallergie hat. Aber vielleicht versteht Jannis ja auch nicht, dass eine Katze ein Felltier ist.

„Na, seht ihr", sagt Herr Granzow. „So ganz viele
Kinder sind da jetzt ja gar nicht mehr übrig
geblieben. Jetzt melden sich bitte noch mal alle,
die Frederik nehmen möchten und die in den
Ferien *nicht* verreisen und bei denen *keiner* in der
Familie eine Allergie hat."
Und weil das so ein schwieriger Satz war, melden
sich leider doch wieder ein paar von den Verreise-
Kindern mit und von den Allergie-Kindern auch,
aber das merkt Herr Granzow ganz schnell und
zählt nach, wie viele Kinder übrig bleiben.
„Sieben Kinder!", sagt Herr Granzow und holt
einen Stapel Zettel aus seiner Tasche.

„Na, das sind ja immer noch eine ganze Menge. Ihr sieben nehmt jetzt mal jeder so einen Zettel mit, den können eure Eltern unterschreiben, wenn sie euch erlauben, dass ihr Frederik nehmt. Bitte schön."

Da wird es Magnus wieder so heiß und sein Herz klopft wie verrückt. Ganz, ganz vorsichtig steckt er den Zettel in sein Mathebuch, damit er kein Eselsohr kriegt.

Nur sieben Kinder für Frederik, und von den anderen hat bestimmt keiner eine Zauberdose.

6.

Natürlich ist Mama noch nicht zu Hause, als
Magnus aus der Schule kommt. Da legt er den
Zettel in Mamas Schlafzimmer schon mal ganz
vorsichtig aufs Bett und die Dose stellt er da-
neben. Jetzt kann der Zauber an der richtigen
Stelle wirken.

„Nun renn doch nicht immer die ganze Zeit durch
die Gegend!", sagt Anna böse, als Magnus zum
hundertsten Mal zur Tür gerannt ist um nachzu-

sehen, ob Mama nicht vielleicht schon die Treppe
hochkommt. „Was bist du denn so zappelig!"
„Ja, das bist du, Magnus, zappelig", sagt Linnea

und guckt ihn interessiert an. „Wie der Floh im
Haberstroh. Was ist ein Haberstroh, übrigens?"
Und das dumme Kind glaubt wohl wirklich, dass
Magnus ihr das jetzt erklärt.
Aber das tut Magnus ganz bestimmt nicht.
„Verschwinde, ich hab zu tun!", sagt er stattdessen
unfreundlich und schiebt Linnea weg. „Hau ab,
wenn Große sich konzentrieren müssen!"
Da zeigt Linnea ihm einen Vogel und verschwindet
mit ihrer Linni. Und Magnus ist sogar noch so
dumm und freut sich darüber.

7.

Als Mama endlich kommt, kann Magnus nicht mal
warten, bis sie ihren Mantel ausgezogen hat.
„Komm, Mama, komm schnell!", sagt er und zieht
Mama in ihr Schlafzimmer. „Ich hab einen Zettel
mit, den musst du unterschreiben! Aus der
Schule!" Und er guckt aufs Bett, wo eben noch
die Zauberdose und der Zettel gelegen haben, und
dann merkt er, wie eine eiskalte Hand nach
seinem Herzen greift. Jetzt weiß er endlich, wie
das ist.
„Meine Zauberdose!", schreit Magnus und stürzt
sich auf das Bett. Da liegt der wertvolle Zettel
und sieht zerknittert und zerkrumpelt aus, als
wenn jemand sich einfach draufgesetzt hätte, und
obendrauf liegt eine Hustenbonbondose, die ist
offen. Daneben steht Linnea und hält drei kleine
weiße Bohnen in der Hand, so harte kleine weiße
Bohnen, wie Mama sie auch in ihrem Küchen-
schrank hat für Bohnensuppe. Die müssen vorher
immer erst eingeweicht werden.
„Da waren ja nur Bohnen drin, Dummi", sagt
Linnea, aber ein kleines bisschen beunruhigt sieht

140

sie doch aus und so, als ob sie anfängt zu
verstehen, dass sie vielleicht etwas Schlimmes
getan hat. „Ich hab nur die Klebe abgerissen. Die
Dose war ja ganz falsch! Da sollen Bonbons drin
sein, eigentlich", und sie streckt Magnus die
Bohnen entgegen, als ob sie beweisen will, dass
sie die Wahrheit sagt.

141

Aber Magnus schlägt ihr einfach auf die Hand.
„Jetzt ist das doch keine Zauberdose mehr!",
schreit er. „Die darf man niemals aufmachen! Da
darf man nicht neugierig sein!" Und dann fängt er
an zu schluchzen und Linnea geht vorsichtshalber
einen Schritt zur Seite, weil man ja trotzdem nie
wissen kann, ob Magnus nicht vielleicht gleich
ganz wütend wird und sie boxt.
„Das sind ja nur Bohnen, Dummi", sagt sie noch

einmal vorsichtig, aber dann ist sie doch lieber
still, weil Magnus sich jetzt auf das Bett geworfen
hat und weint, wie er vielleicht nur damals ge-
weint hat, als Papa ausgezogen ist.

So fürchterlich und verzweifelt weint er, dass
Mama immer noch nicht ihren Mantel auszieht
und sich einfach nur zu ihm auf das Bett setzt.
Den Zettel legt sie aber vorher zur Seite.

„Na, na, na, Magnus", sagt Mama verwirrt und
streichelt ihm über den Hinterkopf. „Nun erklär

mir doch mal, was passiert ist. Nur weil Linnea die Dose …"

„Aber jetzt krieg ich Frederik nicht!", schreit Magnus, und weil er so viel weinen muss, ist Mamas Bettdecke schon ganz nass. „Jetzt krieg ich wieder kein Tier!"

„Kein Tier?", fragt Mama verblüfft, aber dann versteht sie, dass es etwas mit dem Zettel zu tun hat, und fängt an zu lesen.

8.

„Du dummer kleiner Magnus", sagt Mama und
rüttelt Magnus auf ihrem Bett ein bisschen hin
und her. „Und darum weinst du so doll? Weil du
die Maus in den Ferien versorgen möchtest?
Und jetzt glaubst du, es klappt nicht mehr?" Und
sie knipst ihre Handtasche auf und zieht einen
Kugelschreiber heraus. „Guck, jetzt unterschreib
ich das hier.

Ich erlaube meinem Sohn/meiner Tochter Magnus,
dass er/sie in den Frühjahrsferien die Klassenmaus
Frederik zu Hause versorgen darf.
So. Und hier schreib ich jetzt meine Unterschrift
drunter. Dazu brauchst du doch keine Zauberdose
von Papa!"
Da zieht Magnus ganz lange die Nase auf, und
dann hebt er vorsichtig den Kopf.
„Aber die anderen!", flüstert er, und nun muss
er doch schon wieder so schluchzen, dass es ihn
schüttelt. „Das sind ja auch noch sechs! Die wollen
ja auch! Und ich hab doch gedacht, weil ich die
Zauberdose hab …" Dann schmeißt er seinen Kopf
wieder in die Kissen. Reden kann er vor lauter
Weinen ja sowieso nicht mehr.
Linnea tippt ihm vorsichtig auf die Schulter.
„Magnus?", sagt sie und guckt Mama ängstlich
an dabei. Dann fängt sie auch an zu weinen. „Ich
wollte das doch nicht, Mama! Ich wollte Magnus
nicht traurig machen!"
„Herr im Himmel!", sagt Mama, und nun ruckelt
sie auch noch Linnea ein bisschen. „O du Herr im
Himmel!"
„Hör mal auf, Magnus, hör mal auf!", schluchzt

146

Linnea. „Du kannst meine Linni haben!" Und sie
haut ihm immerzu auf den Rücken, damit er sich
umdreht. „Hör mal auf!" Dann guckt sie erschro-
cken hoch und plötzlich weint sie nicht mehr.
„Donnerstags", sagt sie schnell, als ob sie jetzt erst
richtig versteht, was sie da eben versprochen hat.
„Da kannst du meine Linni haben. Das ist auch

ein Tag, donnerstags. Die andern Tage will Linni bei mir sein", und sie packt ihre Linni vorsichts--halber ein bisschen fester und reißt sich von Mama los. Dann geht sie zur Tür.

„Hör auf!", schreit sie noch mal und verschwindet im Flur.

Aber Magnus hört überhaupt nicht auf. Magnus weint und weint, und ob er Linni nur donnerstags haben kann oder auch an allen anderen Tagen, ist ihm völlig egal. Bis vorhin hat er eine Zauberdose gehabt und nun ist sie kaputt. Vielleicht hätte er Frederik gekriegt und nun kriegt den ein anderes Kind. Bis vorhin war das Leben in Ordnung und nun ist es so düster und traurig.

„Magnus!", sagt Mama energisch. „Nun beruhig dich aber mal! Du hast jetzt meine Unterschrift, dass du diese Maus nehmen darfst, und wenn Herr Granzow trotzdem ein anderes Kind aussucht, ist das eben Pech! Mit Zauberdosen hat das gar nichts zu tun!"

Da räuspert sich Anna in der Tür.

„Also ich hab gehört", sagt Anna und sie macht immer so komische Pausen, „ich hab mal gehört ..."

Dann setzt sie sich neben Magnus aufs Bett.

„Wegen den Bohnen", sagt sie vorsichtig. „Wie das mit den Zauberbohnen ist."

Magnus rührt sich kein bisschen. Sollen die doch alle reden! Jetzt kriegt ein anderes Kind Frederik für die Ferien, und nur, weil er so eine schreckliche kleine Schwester hat.

„Wenn einer die Zauberbohnen befreit", sagt Anna schnell und ihre Stimme klingt ganz sonderbar, „aus der Zauberdose, dann muss er sie einpflanzen. Und wenn dann eine Pflanze daraus wächst ...“ Anna zuckt die Achseln. Magnus bleibt einen Augenblick liegen. Dann hebt er ganz vorsichtig den Kopf.

„Was macht die Pflanze?", fragt er. Bestimmt ist sein Gesicht ganz rot und verschwollen. Aber nun muss er doch wissen, was Anna erzählt.

„Na ja, die Pflanze", sagt Anna und guckt Mama Hilfe suchend an, und da nickt Mama und zieht sich endlich den Mantel aus.

„Die Pflanze ist dann eine Zauberpflanze", sagt Mama. „Ist doch logisch. Und der Zauber ist noch viel stärker als von einer Bohne in der Dose. Weil die Pflanze ja lebendig ist", und sie geht in den Flur und hängt ihren Mantel an die Garderobe.

„Hol mal Töpfe aus dem Abstellschrank, Anna", sagt Mama. „Das machen wir jetzt."

9.

Danach sitzen sie zu viert am Küchentisch, Mama
und Anna und Linnea und Magnus, und vor
ihnen liegt eine Zeitung, darauf stehen drei kleine
Blumentöpfe.
„Na bitte", sagt Mama. „Ganz wunderbar. Die
stellst du dir jetzt auf die Fensterbank, Magnus.

Und spätestens in drei Tagen kommt das erste Keimblatt. So einfach ist das."

„Kann man da Bäume draus machen?", fragt Linnea interessiert und will schon mit ihrem kleinen Finger in der Erde pulen, wo Magnus doch gerade erst die Bohne reingestopft hat. Reingestopft und begossen. „Dann braucht er ja meine Linni nicht mehr."

„Das Balg will ich sowieso nicht!", sagt Magnus und plötzlich muss er kichern. „Nicht mal donnerstags", sagt Magnus, und dann schnappt er sich einen Topf und trägt ihn ganz vorsichtig zu seiner Fensterbank. Anna kann auch einen haben. Und weil er so nett ist, kann Linnea das auch.

10.

Vielleicht ist das mit dem Zauber natürlich alles
Quatsch, denkt Magnus, als er abends in seinem
Bett liegt und Mama ihn richtig gut eingemum-
melt und ihm einen Gutenachtkuss gegeben hat.
Vielleicht ist es alles Quatsch, aber vielleicht auch
nicht.
Auf der Fensterbank steht der Blumentopf auf
einer alten Untertasse, und die Erde ist schön
feucht, und vielleicht guckt da schon morgen eine
winzige hellgrüne Blattspitze heraus.
Und wenn Herr Granzow die Zettel einsammelt,
kriegt Magnus vielleicht Frederik. Sonst hat in der
Klasse ja keiner Zauberbohnenpflanzen.
Genau, denkt Magnus und macht die Augen zu.
Eigentlich ist er sogar ziemlich sicher.

So kannst du deine eigene Bohnenpflanze ziehen
(Aber man weiß natürlich nie, ob es eine Zauberbohne wird.)

Nimm einen Topf mit Erde, stecke eine Bohne
hinein und halte die Erde feucht. Wenn du gerade
keinen Topf oder keine Erde hast, kannst du auch
einfach Watte auf einen Teller legen, die Bohne
hineindrücken und das Ganze anfeuchten.
Aber nach einiger Zeit musst du die Pflanze dann
doch in einen Topf pflanzen, sonst stirbt sie, bevor

sie richtig groß geworden ist! Schon nach ein paar
Tagen kommt die erste Blattspitze aus der Erde.
Wenn du die Bohne gerade richtig gießt – nicht zu
viel und nicht zu wenig –, wird die Pflanze so

groß, dass du schon bald einen Stab in den Topf
stecken musst, an dem deine Pflanze hochranken
kann.
Auch wenn sie vielleicht keine Zauberbohne wird,
ist es schön, sie zu haben!